AF263756

DES RICHESSES NATURELLES

DE LA

RÉPUBLIQUE HAÏTIENNE

ET DE SA SITUATION ÉCONOMIQUE

PAR

M. MELVIL-BLONCOURT

(Extrait du JOURNAL DES ÉCONOMISTES, n° de *septembre* 1861.)

PARIS

GUILLAUMIN ET Cᵉ, ÉDITEURS

RUE RICHELIEU, 14

1861

RICHESSES NATURELLES DE LA RÉPUBLIQUE HAÏTIENNE

ET DE SA SITUATION ÉCONOMIQUE

I. — Saint-Domingue, aujourd'hui Haïti, serait maintenant une source inépuisable de richesse et de prospérité pour la France, son ancienne métropole, si le Consulat avait su le lui conserver. Mais on aima mieux sacrifier la justice et le bon sens aux *criailleries*, — c'est le mot de Napoléon lui-même, — de vieux colons obstinés à vouloir reconquérir à la pointe des baïonnettes des priviléges ridicules et odieux que la Révolution avait abolis.

Étrange contradiction! On vit, au début de ce siècle, les mêmes flottes qui naguère, sous la monarchie, avaient porté l'indépendance à l'Amérique, partir de tous les ports de France, pour aller, cette fois, jeter sur un rivage homicide, qui devait les dévorer tous, des milliers de soldats contre la liberté... Mais on connaît les épisodes terribles, les suites désastreuses de l'expédition de Saint-Domingue : l'humanité en a gémi, et, de longtemps encore, les échos de l'histoire retentiront de l'écroulement de cet armement dont le formidable appareil égalait l'iniquité!

« Il est hors de doute, comme dit le général Matthieu Dumas, que si la France avait pu conserver Saint-Domingue comme colonie, elle n'avait plus besoin de souhaiter aucune possession étrangère. Cette île seule était préférable à toutes les autres colonies réunies ; elle eût suffi pour porter au plus haut degré de prospérité et de puissance le commerce et la marine française. » Et, en effet, le général Matthieu Dumas avait raison, quand on pense à ce qu'était la partie française d'Haïti, à ce tiers de l'île plus productif que la totalité des possessions anglaises dans les Indes occidentales.

M. le duc de Lévis, dans une opinion développée à la Chambre des Pairs, sur l'importance de Saint-Domingue, évalue ainsi qu'il suit les produits de cette colonie en 1790 (1) :

---

(1) Extrait d'une pétition du commerce de Nantes présentée, en 1792, par 238 négociants.

Le commerce y employait 750 gros bâtiments, montés par plus de 24,000 matelots, non compris ceux servant au cabotage de l'île.

Les revenus se composaient, savoir :

De 300 millions de sucre brut et terré évalués à 50 fr. le quintal, ci..........................	150,000,000 fr.
De 100 millions pesant de café, à 80 fr............	80,000,000
De 2 millions pesant d'indigo à 9 fr...............	18,000,000
De 5 millions de coton à 12 fr...................	10,000,000
De 30,000 barriques de sirop à 100 fr.............	3,000,000
De 15,000 barriques de tafia, à 100 fr.............	1,500,000
Commerce interlope porté à.....................	17,000,000
Total..........	279,500,000 fr. (1)

« A quoi il faut ajouter les bénéfices sur le commerce des piastres et quadruples, provenant du continent espagnol, qui, de 1783 à 1790, a produit l'importation en France de 40 millions de numéraire.

« Les habitations étaient au nombre de 8,000. Chacune, évaluée au prix moyen d'un million, portait la somme des propriétés en terres à 8 milliards argent des colonies, de 33 1/3 inférieur à celui de France. »

Quant aux importations de la France à Saint-Domingue, elles atteignirent, en 1792, la somme de 293,454,000 fr.

Aujourd'hui que, par suite de l'annexion de la république dominicaine à l'Espagne, l'attention publique est vivement attirée vers Haïti, il est d'un intérêt général de faire connaître les richesses naturelles de cette contrée qui avait été si bien nommée la Reine des Antilles.

II. — Les montagnes offrent généralement, en Haïti, un sol propre à la végétation et aux cultures d'Europe. Les plaines sont situées sur les bords de la mer et au milieu de marnes; celles dont le terrain est noir sont propres à la canne à sucre; sur les terrains sablonneux on peut cultiver l'indigo; le coton croît sur un fond rocailleux; le café réussit partout, mais principalement sur les emplacements qui ont pour base la marne.

On récolte dans la plaine des Gonaïves du coton, de l'huile de palmachristi et des denrées alimentaires. La plaine de l'Artibonite donne du coton, du riz et beaucoup de maïs. Le Gros-Morne envoie aux Gonaïves du café, du maïs, des bananes, des patates, etc.

A Marmelade, à Plaisance et sur les mornes de Saint-Marc, on récolte

---

(1) La partie espagnole remise à la partie française par le traité de Bâle donnait l'espoir, sans exagération, de voir tripler ce résultat.

aussi beaucoup de café qu'on expédie aux Gonaïves. Cette ville reçoit en outre de Saint-Marc du café, des cigares, des cannes à sucre, du sirop et du tafia.

Le fonds Baptiste de Saint-Marc produit les légumes d'Europe, tels que choux, choux-fleurs, radis, betteraves, navets, pommes de terre, artichauts, et des fruits, comme pommes, pêches, raisins, prunes, etc... Toutes ces denrées arrivent aux Gonaïves, soit pour la consommation locale, soit pour l'exportation.

L'état rudimentaire où se trouve encore de nos jours l'organisation industrielle et domestique d'Haïti n'est propre qu'à certaines branches de l'agriculture. L'insuffisance de bras et de capitaux y est depuis longtemps un obstacle à l'exploitation des grandes cultures. On peut s'en faire une juste idée par cette phrase naïve, que nous extrayons de la lettre d'un général haïtien, propriétaire de sucrerie, à un journal de Port-au-Prince : « Je ne fais couper mes cannes que pour que l'âge ne les tue pas. » Aussi, l'industrie sucrière, au point de vue de l'exportation et de la concurrence sur les marchés étrangers, y est-elle complétement nulle, et cependant la canne vient comme d'elle-même. D'un bout de l'année à l'autre on peut la couper et en avoir un produit de qualité supérieure.

Le peu de sollicitude que les gouvernements qui se sont succédé en Haïti depuis quarante ans ont montré pour les campagnes est aussi en partie la cause de la quasi-stérilité des sucreries de cette magnifique contrée, remarquable surtout par l'absence de toute police rurale (1). Et cependant la fabrication du sucre pour l'exportation peut seule permettre à la culture de prendre dans les immenses plaines de l'île l'extension qu'elle est susceptible d'acquérir.

Ajoutons, en outre, que l'industrie sucrière a péri parce que, dans les terribles guerres de l'indépendance, les plantations et les usines ont été partout la proie des flammes, et que, pendant longtemps, les marchés étrangers ont été fermés au commerce haïtien.

De l'aveu même d'un journal de Port-au-Prince, la ruine des fabriques de sucre met au front du pays un cachet d'incurie et de paresse qu'il est de l'honneur du gouvernement du général Geffrard de faire disparaître.

La culture de la canne est encore assez considérable en Haïti ; mais la production est généralement transformée en tafia. La distillation de cette liqueur spiritueuse atteint des proportions incroyables pour un pays où la population ne dépasse pas 800,000 âmes (2).

____

(1) On vient tout récemment de prendre enfin quelques mesures tendant à améliorer cette partie de l'administration.

(2) On n'est généralement pas d'accord sur le chiffre de la population

Presque négligé et cultivé sans aucun soin, le café a été pendant long-temps la principale source de la richesse nationale et des revenus indi-viduels. La moyenne actuelle de cette fève, recueillie pour les marchés étrangers, s'élève à environ 60 millions de livres, sans compter ce qui est consommé dans le pays ou perdu par la négligence. On a calculé que ce produit pourrait être double tous les trois ans, si l'on mettait plus de soin et d'attention au nettoyage et à l'ébranchement des cafiers.

Le 1/5 prélevé sur la masse des cafés, pour le compte de l'État, qui paralysait l'action du commerce, en même temps qu'il favorisait, sous Soulouque, des dilapidations criminelles, a été aboli en 1859, et rem-placé par un droit d'exportation de p. 1.75 (fr. 8.87) par 100 livres, payables en espèces étrangères ou en traites sur Paris, garanties par les connaissements du café ; d'un autre côté, les articles de première nécessité ont été dégrevés du fort droit de 25 à 30 0/0 à l'importation, et réduits à environ 20 0/0. Malgré cette réduction, le revenu de la ré-publique a été, en 1860, de près de 1,300,000 piastres pour l'impor-tation.

On se porte volontiers, depuis quelque temps, vers la culture du ca-cao. Certaines communes du nord et de la Grande-Anse en produisent, mais pas en qualité assez supérieure, ni en quantité assez considérable pour être remarqué avantageusement sur les marchés étrangers. Les cacaotiers commencent à rapporter à 4 et 5 ans et continuent de pro-duire depuis 40, 50 jusqu'à 60 ans. Deux ou trois hommes suffisent à l'entretien de mille arbres, à recueillir et à préparer la récolte. Une bonne plantation d'un millier d'arbres rapporte une moyenne annuelle de 5 à 6 livres de cacao par chaque pied.

La république possède de vastes étendues de terre très-propres à la culture du coton et qui pourraient en produire des millions de balles ; mais, faute de bras, elles sont en friche et de nul rapport pour les pro-priétaires.

Pour obvier à ces difficultés, une loi a établi des banques agricoles, et une autre des bureaux d'immigration dans les principales villes du pays ; ces intéressantes institutions ne sont pas encore organisées ; néanmoins il y a eu un commencement d'immigration d'hommes de couleur libres de la Nouvelle-Orléans ; c'est principalement de ce pays et de cette classe que l'on compte retirer le plus grand nombre de cul-tivateurs nécessaires, car la législation nationale ne laisse pas encore entrevoir une immigration possible d'Européens.

---

d'Haïti (partie française). D'après les documents officiels publiés en France, elle ne serait que de 500,000 âmes ; mais, d'après les renseignements qui nous viennent de sources que nous avons des raisons de croire authentiques, elle atteindrait le chiffre que nous adoptons.

La belle et vaste plaine de l'Artibonite peut à elle seule, d'après le journal *le Progrès* d'Haïti, avec deux cent mille émigrants, fournir à l'Europe une quantité de coton presque égale à celle que produit l'Amérique du Sud. C'est qu'outre l'incomparable fertilité de ce sol, l'hiver y est inconnu et la végétation permanente.

Mais, pour atteindre ce magnifique résultat, il serait à désirer que le gouvernement haïtien, se réveillant enfin de sa torpeur, se mît en rapport, par son représentant à Londres, avec la Compagnie anglaise fondée pour favoriser partout l'extension de la culture du coton ; il lui serait facile, croyons-nous, d'introduire, par l'intermédiaire de cette compagnie, sur ces terres cotonnières, un grand nombre de coolis ou de Chinois, car le peu de travailleurs que possède Haïti préféreront toujours s'abandonner à la culture du café, de la canne et du cacao, dont la main-d'œuvre est mieux rétribuée.

Cependant les exportations de cotons, jusqu'à la fin de juillet 1861, ont été de 50 0/0 supérieures à celles des années 1859 et 1860. « Or, comme une grande partie de la récolte, dit le journal *la République*, est encore à recevoir, on est en droit d'espérer que 1861 donnera le double de 1859 et le triple de 1860, mauvaise récolte. » Et la même feuille ajoute : « D'après la connaissance que nous possédons de l'activité donnée aux semis de cette année, nous espérons que 1862 approchera de 10,000 balles, chiffre inconnu depuis l'établissement de la république en 1804. »

Depuis la scission des deux parties de l'île, la culture du tabac et son débit appartiennent particulièrement aux Dominicains. Si le Cap en a vendu de grandes quantités, c'est que cette place en était pourvue par les caboteurs de Porto-Plate, qui aujourd'hui expédient directement.

Le rendement du maïs serait plus considérable à Haïti que partout ailleurs si le mode de plantation, qui y est généralement adopté, était mieux pratiqué ; mais la magnifique végétation de cette plante ne compense pas la perte qui résulte de la défectueuse méthode de culture sans symétrie.

Notre ancienne colonie est riche aussi en forêts : les chênes, l'acajou, le pin, le sapin, le cèdre, y croissent dans leurs plus belles dimensions, mais la majeure partie de cette richesse n'est pas utilisée. Si on excepte les terres qui bordent le rivage de la mer et des grands cours d'eau, l'exploitation en est presque nulle. Cela tient surtout à l'état déplorable des voies de communication. Cependant Haïti exporte encore en bois d'acajou et en bois de campêche un très-fort tonnage, et les marchés des deux mondes recherchent ces produits.

Si Haïti ne fournit plus aujourd'hui du sucre, et si ses envois en café et en coton sont moindres qu'avant son indépendance, en revanche elle fournit des bois de teinture et d'ébénisterie en proportion beaucoup plus considérable. Ce pays a trouvé, en effet, dans l'exploitation des bois de campêche et de pite, que la nature a prodigués à ce sol, deux sources intarissables de richesses. En 1850, il a été exporté d'Haïti pour 37,348,000 kilogr. de campêche.

Tous ces trésors naturels de prospérité ne sont rien en comparaison des nombreuses richesses minérales que possède Haïti : gisements de houille, d'or, de platine, d'argent, de cuivre, d'étain, de fer, de sel gemme, etc.

Le plus considérable des gisements de houille de la république est situé dans la commune de Banica, à une petite lieue du bourg, sur la rive gauche de l'Artibonite, à une égale distance de plusieurs des ports du littoral, et pourrait par conséquent alimenter de charbons les lignes de bateaux à vapeur qui sillonnent journellement la mer des Antilles. Il est de 250 à 300 pieds de long, déclinant graduellement et se terminant en surface plane. Son plan le plus élevé, à partir de sa base, est de 70 à 80 pieds de hauteur. D'après le docteur Smith, de Port-au-Prince, l'exploitation de cette mine ne rencontrerait aucune difficulté sérieuse.

On connaît encore deux autres gisements ; l'un situé près du bourg de Lascahobas, l'autre dans la commune de Neybe, aux environs des mornes du Maniel. Celui-ci, d'après le même docteur Smith qui a analysé les minéraux de ces divers gisements, est très-riche en éléments bitumineux et combustibles.

« ... En jetant un coup d'œil général sur toutes ces houilles qui montrent leurs affleurements dans des lieux si divers, dit, dans un rapport officiel (10 septembre 1860), M. Eugène Nau, ingénieur chargé de l'exploration des mines de l'État, on finit par s'apercevoir que de Lascahobas à Hinche, de Hinche à Banica, et de Hinche à Saint-Michel, doit s'étendre une seule et vaste zone carbonifère de 60 lieues d'étendue sur autant peut-être de largeur. »

Aux environs de la ville des Cayes, au lieu dit le Camp-Perrin, existe une autre mine de charbon; à la Gonave (1), la plus considérable des petites îles qui sont autour d'Haïti, se trouve, outre des variétés de bois incorruptibles de hautes futaies, des mines de fer et probablement aussi des mines de cuivre; et la partie du territoire de la commune du Trou, appelée *Morne-Becly*, possède une mine de fer. Les échantillons de minerai qui en ont été rapportés par M. Chenet, minéralogiste chargé par le gouvernement d'explorer les communes du nord, sont remarquables par leur éclat métallique. On présume qu'ils appar-

---

(1) La Gonave, qui n'est point encore habitée jusqu'ici, a 14 lieues et demie de longueur sur 3 lieues et demie dans sa plus grande largeur.

tiennent à la variété désignée par les géologues sous la dénomination de *fer oxydulé magnétique*.

Les richesses aurifères de l'île sont aussi importantes que celles de la Californie. Dans certaines localités, il suffit de dégager le sol de quelques légères couches de terre pour voir apparaître le métal précieux.

Les terrains métallifères du quartier de l'Attalaye sont d'une telle abondance en oxyde rouge de fer, que les chemins qui y conduisent ont été appelés *Biarabia* par les Espagnols. On voit encore là un puits de mine qu'y avait fait fouiller autrefois un propriétaire de ce quartier, don Gusman, ancien hattier, devenu baron de l'Attalaye par le produit de ses mines. Ce personnage, espèce de Crésus féodal, possédait de si grandes richesses, d'après la tradition locale, qu'il était devenu la ressource financière des gouverneurs en détresse, et avait fait paver sa maison en quadruples. Tout ceci ne peut être qu'une légende, mais le choix qui fut fait, par le comte d'Ennery et le marquis de Solano, de la demeure du baron pour la signature du fameux *traité des limites*, en 1776, prouverait suffisamment l'importance de cet homme.

« Il est bon d'observer, dit M. Eugène Nau dans son rapport déjà cité, que les minerais contenus dans tous les lits des quartz de ces hauteurs appelés *Biarabia* sont un mélange de cuivre, de fer, d'argent et d'or ; mais l'or y est en proportion si faible, qu'il ne peut seul payer les frais d'extraction. Le métal qui, dans cet alliage, prédomine surtout, c'est le cuivre. Aussi peut-on l'en tirer avec profit, comme produit immédiat ; l'or, l'argent et le cuivre qui l'accompagnent, pourraient en être extraits alors comme produits secondaires, et dédommageraient amplement le mineur de ses premiers débours. Dans ces quartz, le cuivre et l'or sont à l'état natif. Le cuivre s'y trouve encore à l'état de sous-carbonate et à l'état aussi d'alliage avec l'argent. Le fer y abonde aussi sous forme de fer oxydulé et de fer spathique. Ces différents métaux sont si répandus à la surface montueuse de tous ces terrains, qu'ils les rendent impropres à la végétation. »

Et plus loin : « Le mauvais temps et la maladie m'ayant empêché d'aller à la Marmelade, l'infatigable M. Chenet s'est de suite empressé de mettre à ma disposition deux échantillons de la mine de cuivre de la Rivière-Dorée. Le cuivre s'y trouve à l'état de sulfure compacte, et promet de grands profits aux premiers industriels qui l'exploiteront. Ces minerais cuivreux ont le grès rouge pour matrice...

« La nature n'a rien oublié pour faciliter l'exploitation des minerais de fer, de cuivre, d'argent et d'autres métaux qui probablement abondent dans le département que je viens de visiter. Car, à côté de ceux-ci ou plutôt sous eux, elle a placé un vaste dépôt de houille propre à leur fusion, et de grands cours d'eaux, tels que ceux du *Cinon*, du *Riopé*, du *Riopède*, de *Hinquite*, du *Nantiane*, du *Guayamacco* et de l'*Artibonite* enfin, devant servir à leur transport économique aux ports de leur débarquement ; de cette façon une grande partie des houilles de Hinche, de Banica et de Saint-Michel sera employée à l'extraction des métaux qui s'y trouvent. Il ne manque à ce quartier, pour n'avoir rien à envier au reste de l'île, que la découverte d'une mine de mercure, ce qui est une chose plutôt probable qu'impossible. »

Le rapport de M. Eugène Nau se termine par ces précieux renseignements : « Un pays si beau, si vaste, si fertile, manque de bras. On y trouve des savanes de 6 à 7 lieues d'étendue, où paissent des bœufs et des chevaux, mais où l'homme se fait remarquer par son absence. Là, en effet, les huttes, les ranchos et les plantations, quand il y en a, sont disséminées à une très-grande distance les unes des autres. Là se rencontrent aux bords des savanes, dans les nombreuses ravines où les eaux pluviales s'épanchent vers les rivières, des forêts longues et sinueuses, où croissent pêle-mêle le palmiste, l'acajou, le cyprès, le cèdre des Bermudes, le tendre-à-cailloux, le bois jaune et l'ébène qui, à l'exception de l'acajou, sont des arbres sans valeur locale.

« Là des rivières magnifiques, et le seul fleuve que nous ayons, coulent inutilement jusqu'à la mer. Là, existe depuis des siècles, *la plus riche et la plus inépuisable des zones carbonifères de l'île*, *et cela sans profit pour personne.* Cependant le coton, le sucre, le café, l'indigo, le cacao et le roucou, qu'on pourrait tirer des mains libres et expérimentées, feraient la fortune du pays, quand il serait *dix fois plus grand et cent fois plus peuplé qu'il ne l'est actuellement.* Le coton, dans ce quartier, donne chaque année 25 livres par plan, au lieu de 2 livres comme partout ailleurs ; et la canne, qui chez nous rapporte à peine quinze à vingt milliers de sirop par carreau, rend jusqu'à trente-cinq à quarante milliers de sirop dans le même espace de terrain. Pour sauver ce pays dépeuplé et désert, il faudrait y jeter 20,000 immigrants, 2,000 charrues, 40 machines à vapeur, autant de hauts-fourneaux et des fourneaux à réverbère. Il faudrait rendre l'Artibonite navigable ainsi que le Guayamacco et tant d'autres cours importants, ou bien relier ces lointaines places à la mer par des chemins de fer ou par des canaux habilement tracés.

« En dotant ce département de richesses, la Providence n'y a pas non plus oublié l'humanité souffrante. Elle a placé à 4 lieues du fort Biassou, à Banica, trois sources thermales et sulfureuses qui sont appelées à jouer un grand rôle dans la médecine thérapeutique future d'Haïti. L'une se nomme la *Cabine*, la deuxième le *Taureau* et la troisième le *Saint-Joseph.* Leur situation est au nord-est du fort en question, et à 1 lieue du *circa de Banica...*, etc. »

Haïti est arrosé par des cours d'eau abondants et dont les principaux sont l'Yaque, l'Yuna, la Nième et l'Artibonite, tous navigables sur la plus grande partie de leur cours.

Parmi les nombreuses petites îles, la plupart inhabitées, qui entourent Haïti, les principales sont la Tortue, où se trouvent les meilleurs bois de la république, sur la côte nord ; les Cayemites et la Gonave, dans la baie de la Gonave ; Saona, à l'extrémité sud-est, et la Vache et la Béale sur la côte sud.

Neuf ports sont ouverts au commerce en Haïti : Port-au-Prince, le Cap-Haïtien, Jacmel, les Gonaïves, les Cayes, Jérémie, Acquin, Miragoane et Saint-Marc.

Le montant des importations générales de cet État (celles du moins qui ont été officiellement déclarées) de 1853 à 1859, a été de 144,051,941 f. En estimant à 50 millions de francs la valeur approximative de l'exportation haïtienne, tous frais déduits, on croit se tenir dans la vérité la plus rigoureuse (1) : la moindre impulsion donnée à l'agriculture et au travail suffirait pour quadrupler cette production. Et si l'on réunit les chiffres tant de l'importation que de l'exportation, on trouve, abstraction faite du numéraire, et aussi de la plus-value que peut ajouter le commerce interlope de ces branches, que la moyenne de la valeur du commerce général d'Haïti s'élève à 90,000,000 fr. L'accroissement des chiffres d'importation et d'exportation accuse, depuis quelque temps, une certaine amélioration dans la production. On a exporté, en 1860, 60,514,829 livres de café et 104,321,200 livres de campêche. Le montant des droits d'importation s'est élevé à 1,292,045 piastres. Six articles présentent une augmentation en 1860 sur 1859. Ce sont :

Café.	18,802,923	livres.
Campêche.	16,143,600	—
Cacao.	184,442	—
Gaïac.	693,900	—
Bois jaune.	2,450	—
Pite.	264	—

La diminution a porté sur les

Coton	299,321	livres.
Acajou	426,000	piastres.
Brésillet.	230,360	livres.
Cuirs de bœufs.	1,744	—

---

(1) Dans notre travail sur *Port-au-Prince* (Haïti), publié dans la 15e livraison du *Dictionnaire universel du commerce et de la navigation*, nous avons, d'après les *Annales du commerce*, estimé à 25 millions de francs la valeur approximative de l'exportation haïtienne ; mais, après des renseignements que nous avons eus tout récemment de notables négociants étrangers établis en Haïti, cette exportation atteindrait en réalité le chiffre de 50 millions.

En 1858 le mouvement maritime des six premiers ports de la république (les trois derniers n'ont été ouverts que depuis l'avénement du général Geffrard à la présidence) sous tous les pavillons, a été de 1,195 navires jaugeant 204,344 tonneaux.

Possesseurs de tant de sources de prospérité, qu'en ont fait ceux qui ont gouverné Haïti depuis son indépendance? Rien, ou presque rien. Est-ce à dire pourtant que ces immenses richesses doivent rester éternellement perdues pour le commerce, l'industrie, la civilisation ? En face de l'esprit nouveau qui, dans son mouvement progressif, tend chaque jour à rapprocher, à unir les nations et les races par l'échange, un État a-t-il le droit de posséder, sans en retirer nul profit pour personne, les trésors qu'il a plu à la nature de prodiguer à son territoire? Son premier devoir n'est-il pas, s'il est impuissant à accomplir des travaux dont les résultats seraient de nouveaux bienfaits pour lui et pour l'humanité, d'y faire concourir des forces étrangères ?

Mais la constitution actuelle d'Haïti est elle-même l'obstacle le plus insurmontable à sa régénération. Pour sortir de son sommeil quasi-séculaire, il lui faut les lumières, l'activité, les capitaux de l'Europe, et il est écrit, dans un des articles de cette constitution, cette défense, qui naguère pouvait être considérée comme une protestation contre l'esclavage dans les colonies de la France et de l'Angleterre, mais que rien ne justifie plus de nos jours : « Aucun blanc, quelle que soit sa nation, ne pourra mettre le pied sur le territoire haïtien à titre de maître ou de propriétaire, et ne pourra à l'avenir y acquérir aucun immeuble ni qualité d'Haïtien. » De plus, la fille d'Haïti qui épouse un blanc perd tous ses droits, elle meurt au monde haïtien, comme on l'a dit dans une brochure publiée l'année dernière sur cette question (1). Il suffit de citer de pareilles énormités pour les faire condamner.

Les hommes de progrès et d'intelligence d'Haïti, qui n'en manque pas fort heureusement, sentent eux-mêmes que l'exclusion de la race blanche de leur pays est la cause première de sa léthargie profonde. Nous lisons, en effet, les lignes qui suivent dans un journal de Port-au-Prince :

« Puisque nous sommes sur ce chapitre, disons qu'à notre avis cet article y a fait son temps ; qu'aujourd'hui non-seulement il ne protége rien et n'est propice à rien, mais qu'il nuit infiniment, par le seul fait de son existence, aux intérêts les plus sérieux du pays. Nous ne parlons pas des entraves qu'il porte au développement de sa prospérité maté-

---

(1) On nous assure que cette dernière disposition vient tout récemment d'être abrogée. Tant mieux, car ce serait là un acheminement à l'entière abrogation de ce fâcheux article 7.

rielle, mais plutôt du déplorable effet moral qu'il exerce au dehors à notre préjudice. La France et l'Angleterre, bien disposées en notre faveur, l'Espagne oserait-elle paraître à nos frontières ? »

Un appel a été fait pourtant par le général Geffrard, qui veut, lui, sincèrement l'amélioration de son pays, aux capitalistes européens pour l'exploitation des mines. On y a répondu de France et d'Angleterre ; une loi relative aux concessions à accorder devait être présentée à la Chambre des représentants ; mais rien encore n'a été fait jusqu'ici, et rien, ajouterons-nous, ne sera fait ; car, malgré le bon vouloir de l'honnête Geffrard, c'est un parti pris de la part de ceux qui ont surpris sa confiance et qui, depuis Boyer dont ils continuent la politique stérile, s'imposent, à tous les gouvernements d'Haïti comme des conseillers indispensables, de rester dans le *statu quo*, de repousser systématiquement toute participation européenne au réveil de ce pays (1).

Sous des dehors libéraux, le gouvernement d'Haïti, qu'il ait eu pour chef un empereur ou un président, n'a jamais été, du reste, qu'un pouvoir oligarchique, dont les quelques membres disposent comme d'un patrimoine héréditaire. Ils forment une petite minorité qui, par une merveilleuse adresse et une cynique audace, a su, en dépit des révolutions qui viennent périodiquement ensanglanter leur malheureuse patrie, se maintenir dans toutes les hautes positions. Ce sont les hommes qui la composent, noirs et jaunes, qui sont toujours ministres, conseillers d'État, chargés d'affaires. On doit à leur politique égoïste et oblique l'annexion de la République Dominicaine à l'Espagne. Si, en effet, dès l'avénement de Geffrard à la présidence, ils eussent fait un traité de commerce et d'amitié avec ce petit État, après avoir reconnu son indépendance, Haïtiens et Dominicains n'eussent point tardé à former un seul peuple, et on n'aurait pas à déplorer aujourd'hui l'agrandissement dans les Antilles d'une nation qui conserve encore l'esclavage dans ses possessions coloniales (2). Héritiers des rêves belliqueux de Faustin Ier, dont

---

(1) Au moment de la mise sous presse de cet *extrait du* Journal des Économistes, nous apprenons, par le dernier courrier des Antilles, que le président Geffrard a modifié son ministère, mais qu'il persiste à conserver auprès de lui, malgré le vœu général de la jeune génération, les deux hommes qui, avec ses chargés d'affaires à Paris et à Londres, personnifient le plus en Haïti le *statu quo* et l'élément anti-européen : le secrétaire d'État des finances et du commerce, et le président du conseil, — duc de Morin et grand-chambellan sous Soulouque. Le même courrier nous apprend que l'honorable général Lamothe, un *homme nouveau* qui n'a rien de commun avec les oligarchistes, a donné sa démission de secrétaire d'État de la police générale.

(2) On objecte que les ministres, esclaves de la Constitution qui pose l'intégrité d'Haïti, ne pouvaient rien décider sans l'approbation des représentants.

la plupart d'entre eux avaient été les conseillers intéressés, ils aimèrent mieux conclure avec leurs voisins une trêve de cinq ans. Mais cette trêve n'ayant pas été, paraît-il, scrupuleusement observée, les Dominicains commencèrent à en redouter l'expiration avec une inquiétude croissante : ils entrevoyaient dans l'avenir de nouvelles guerres et la conquête de leur pays par quelque heureux Soulouque,—car il y en a toujours en réserve. L'ambitieux Santana profita alors de ce malaise pour livrer traîtreusement sa patrie à l'Espagne, qui s'empressa de saisir cette proie qu'elle convoitait sourdement depuis longtemps. Tel est le résultat désastreux de la politique des hommes d'État d'Haïti. Il semble qu'Harrington pensait à eux quand il écrivit cet aphorisme : « Les oligarchistes, qui, pour écarter les autres du gouvernement, se prétendent parfaits, prétendent aussi que ceux sur lesquels ils ambitionnent de régner ne sont pas propres au gouvernement ou à régner eux-mêmes. Mais cette rage de dominer, cette passion libidineuse du gouvernement, *libido dominandi*, est de tous les genres de cupidité la plus forte, et s'empare par préférence de ceux qui ont le moins de droits pour s'ériger en maîtres au-dessus des autres, comme il arrive dans les oligarchistes ; car on pourrait citer plusieurs exemples où, soit le peuple, soit un roi, ont encore ou avaient un droit incontestable à gouverner ; mais les oligarchistes jamais. Donc, d'après la preuve qu'ils en fournissent eux-mêmes, la passion de gouverner étant la plus dominante en eux, il s'ensuit que les oligarchistes sont de tous les hommes les moins propres à gouverner. »

Les richesses minières du Nord d'Haïti étant situées en partie sur un territoire qui pourrait tomber au pouvoir de l'Espagne s'il lui prenait quelque jour la fantaisie de réclamer les limites de son ancienne colonie, le moyen le plus sûr comme le plus prompt de soustraire ces richesses à sa convoitise serait, croyons-nous, d'en accorder la concession soit à une compagnie française, soit à une compagnie anglaise. Dans ce cas, le choix entre les deux nations ne saurait être douteux : le général Geffrard, qui ne doit pas ignorer avec quelle munificence la France traite Haïti depuis trente ans (l'indemnité fixée en 1825 à 150 millions réduite aujourd'hui à 60), voudra lui prouver sa reconnaissance en accordant la préférence à une compagnie française. Le contraire serait d'une ingratitude monstrueuse. Et puis, comme l'a dit fort spirituellement l'auteur

---

Mais comme ces ministres n'ont jamais pris à cet égard aucune initiative, nous sommes en droit de conclure qu'ils sont et demeurent seuls responsables du désastre. — Il a bien fallu, en face des bouches à feu de Rubalcava, saluer le drapeau castillan et reconnaître ensuite la légitimité de la brutale annexion de l'Est par l'Espagne ?

anonyme de la brochure de la *Gérontocratie en Haïti*, à propos d'un emprunt haïtien qui, paraît-il, devait être contracté à Londres : « On ne doit changer de maréchal qu'après avoir payé les vieux fers. »

Disons, en terminant, qu'il est temps enfin qu'Haïti se réveille : le moment est venu pour elle de participer au mouvement progressif des peuples. Elle a été sublime dans le passé. Les pages de l'histoire immortelle de son indépendance n'ont rien à envier aux pages les plus belles de l'histoire du vieux monde. Après avoir contribué dans la mesure de ses humbles forces, par le concours de ses enfants, — ce qui est généralement ignoré, — à délivrer cette ingrate Amérique qui aujourd'hui la méprise tout en la guettant comme une proie, de la dépendance de l'Angleterre, elle montra à l'univers étonné, dans sa lutte contre la France, ce que peut l'héroïsme contre l'esclavage ; — et, ses fers à peine brisés, elle volait au secours de Bolivar, l'aidait à secouer le joug de l'Espagne, accomplissant ainsi, en moins d'un demi-siècle, des actes de dévouement et de grandeur qu'on chercherait en vain dans les annales de la plupart des peuples de l'Occident. Admirable dans les combats, inébranlable dans les périls, terrible dans ses résolutions, elle a suffisamment prouvé sa valeur guerrière, son vif sentiment de la liberté, ses tendances généreuses : mais cela ne suffit pas. Elle a maintenant à créer l'ordre, le travail, la paix ; à effacer de son cœur comme de ses lois les traces des vieilles haines ; à détruire, par une bienveillance mutuelle, la concorde, une union sincère, les déplorables causes de ces divisions qui trop souvent reviennent affliger la patrie commune. Voilà où devraient tendre aujourd'hui toutes ses aspirations.

Si ce pays avait en effet dépensé en études sérieuses, en travaux utiles, le quart d'énergie qu'il a dépensé depuis quarante ans en vaines déclamations, en conspirations, en fusillade, en révolutions, il serait à cette heure, pour le moins, l'égal de Cuba, — qui pourtant n'est qu'une colonie. Des bateaux à vapeur fumeraient dans ses neuf ports ; des chemins de fer sillonneraient ses fertiles plaines ; et, par sa splendeur morale et matérielle, il ferait l'admiration du monde : il n'en est, hélas ! que la risée, grâce aux oligarchistes qui le gouvernent depuis Boyer. Ils ont si bien fait que ce peuple haïtien, si remarquable par son intelligence et ses admirables qualités du cœur, finira par passer aux yeux de l'Europe comme étant incapable de se gouverner par lui-même.

Si cette situation déplorable devait persister, loin d'avoir été une gloire pour la race africaine, Haïti en serait la honte. C'est donc au président Geffrard qu'il incombe d'empêcher que l'avenir ne porte ce jugement sur le pays qu'il a été appelé, croyons-nous, à régénérer. Mais, nous le répétons, la première condition pour atteindre ce résultat devrait être l'abrogation de l'article 7 de la constitution haïtienne.

Quand l'implacable Dessaline, surexcité d'ailleurs par les cruautés de Rochambeau, se dressa sur Haïti comme le vengeur de sa race étouffée sous deux siècles d'une oppression jusqu'alors inconnue dans l'histoire, et ordonna le massacre des blancs, parmi ceux qui, au péril de leur vie, se dévouèrent au salut des victimes, on cite surtout le brave général Nicolas Geffrard, père de Fabre Geffrard, aujourd'hui président de la république noire. Aux anciens persécuteurs fuyant la mort il ouvrit, — tout en restant patriote, — les portes de son foyer et en fit un autel à la Pitié : que, continuant cette noble tradition de famille, le fils ouvre à son tour les portes d'Haïti aux nations qui ont aboli l'esclavage.

MELVIL-BLONCOURT.

6. — Paris. — Imprimerie de POUPART-DAVYL ET Cᵉ, rue du Bac, 30.

www.ingramcontent.com/pod-product-compliance
Lightning Source LLC
Chambersburg PA
CBHW051222050726
47594CB00007B/3323